essentials

essentials liefern aktuelles Wissen in konzentrierter Form. Die Essenz dessen, worauf es als „State-of-the-Art" in der gegenwärtigen Fachdiskussion oder in der Praxis ankommt. *essentials* informieren schnell, unkompliziert und verständlich

- als Einführung in ein aktuelles Thema aus Ihrem Fachgebiet
- als Einstieg in ein für Sie noch unbekanntes Themenfeld
- als Einblick, um zum Thema mitreden zu können

Die Bücher in elektronischer und gedruckter Form bringen das Expertenwissen von Springer-Fachautoren kompakt zur Darstellung. Sie sind besonders für die Nutzung als eBook auf Tablet-PCs, eBook-Readern und Smartphones geeignet. *essentials:* Wissensbausteine aus den Wirtschafts, Sozial- und Geisteswissenschaften, aus Technik und Naturwissenschaften sowie aus Medizin, Psychologie und Gesundheitsberufen. Von renommierten Autoren aller Springer-Verlagsmarken.

Weitere Bände in der Reihe http://www.springer.com/series/13088

Thorsten Krings

Sexuelle Grenzverletzungen am Arbeitsplatz

Thorsten Krings
Prof. Krings & Partner Consulting
Wiesloch, Deutschland

ISSN 2197-6708 ISSN 2197-6716 (electronic)
essentials
ISBN 978-3-658-26029-3 ISBN 978-3-658-26030-9 (eBook)
https://doi.org/10.1007/978-3-658-26030-9

Die Deutsche Nationalbibliothek verzeichnet diese Publikation in der Deutschen Nationalbibliografie; detaillierte bibliografische Daten sind im Internet über http://dnb.d-nb.de abrufbar.

Springer Gabler ist ein Imprint der eingetragenen Gesellschaft Springer Fachmedien Wiesbaden GmbH und ist ein Teil von Springer Nature
Die Anschrift der Gesellschaft ist: Abraham-Lincoln-Str. 46, 65189 Wiesbaden, Germany

Was Sie in diesem *essential* finden können

- Formen sexueller Grenzverletzungen
- Juristische Einordnung
- Eskalationsprozesse und -mechanismen
- Formulierung und Umsetzung von Schutzkonzepte

Vorwort

Der Grundgedanke für dieses Springer *essential* entstand in den letzten Jahren aus der Berufspraxis des Autors und aus Ereignissen im privaten Umfeld. Zum einen hatte ich selber beruflich mit Opfern zu tun und wurde auch immer wieder von Freunden und Bekannten angesprochen, wenn sie Hilfe brauchten. Das zeigte mir, dass viele Organisationen keine klar definierten Prozesse und Verantwortlichkeiten haben. Zum anderen erlebte ich aber auch, dass ein Freund zu Unrecht beschuldigt wurde und in die Mühlen der Justiz geriet. Daher wollte ich ein Buch schreiben, dass mit vertretbarem Aufwand effektive Strukturen und Prozesse aufzeigt.

Besonders ging es mir auch um das Verfassen der sogenannten Workplace Policy. Der Themenbereich dieses Buches ist ein Feld, in dem sich oft auch Personen mit recht extremen Ansichten tummeln. So findet sich häufig die undifferenzierte Pauschaussage „Frauen sind Opfer und Männer sind Täter" oder aber harmlose Dinge (z. B. das Verschenken von Blumen) werden zur Belästigung erklärt. Das hängt natürlich immer von den Umständen und der Beziehung der Personen untereinander ab. Insofern war es mir auch hier ein Anliegen, ein Beispiel für klare Regelungen zu geben, ohne dass im Unternehmen ein Klima der Hexenjagd entsteht.

Mein Dank gilt meinen ehemaligen Studierenden Corinna Huber, Serpil Batus, Sarah Kuhn, Matthias Bischof, Tugrul Özütemiz, Julia Stifter, Denis Biko, Rebecca Mainka, Dimitri Bondarenko und Vanessa Schomburg für die Zuarbeit.

Frederik Nieland danke ich wie immer für die Illustrationen.

Wiesloch
Januar 2019
Thorsten Krings

Inhaltsverzeichnis

Einleitung

1

Die Antidiskriminierungsstelle des Bundes stellt fest: „Mehr als die Hälfte aller Beschäftigten in Deutschland hat sexuelle Belästigung am Arbeitsplatz schon einmal erlebt oder beobachtet – über ihre Rechte sind viele aber nur unzureichend informiert. 81 Prozent wissen nicht, dass Arbeitgeber verpflichtet sind, sie aktiv vor sexueller Belästigung am Arbeitsplatz zu schützen. Und mehr als 70 Prozent kennen zu dem Thema auch keine präsente Ansprechperson in ihrem Betrieb." (Antidiskriminierungsstelle 2015, online). Man mag nun darüber diskutieren, wie valide diese Zahlen tatsächlich sind, denn alles, was unter einem eindeutig illegalem Verhalten liegt, kann nur als subjektives Empfinden abgefragt werden. Aber jeder Fall ist einer zu viel. Insofern sprechen die Zahlen eine eindeutige Sprache: Sexuelle Grenzverletzungen am Arbeitsplatz sind ein Problem und es herrscht ein hoher Handlungsbedarf.

Viele Unternehmen glauben jedoch, dass das Thema sexuelle Grenzverletzungen am Arbeitsplatz bei ihnen kein Thema ist und sind dann als Organisation oft überfordert, auf auftretende Probleme angemessen zu reagieren. Gerade durch die #metoo Bewegung ist das Thema heute stark in den Fokus gerückt. Wahrscheinlich passiert heute tatsächlich nicht mehr als früher. Doch zum einen lässt man es Organisationen heute nicht mehr durchgehen, wenn sie solche Themen bagatellisieren oder es zum privaten Problem der handelnden Personen erklären. Das ist nun auch rein rechtlich so, denn das Allgemeine Gleichbehandlungsgesetz stellt an den Arbeitgeber sogar die Anforderung, ein diskriminierungsfreies Umfeld zu schaffen. Zum anderen aber sind die Sensibilitäten heute andere als früher. Was früher in einer Grauzone oder sogar akzeptiertes Verhalten war, zählt heute als Grenzverletzung und Opfer haben heute ein stärkeres Selbstbewusstsein und sprechen diese Themen eher offen an als früher.

© Springer Fachmedien Wiesbaden GmbH, ein Teil von Springer Nature 2019 1
T. Krings, *Sexuelle Grenzverletzungen am Arbeitsplatz,* essentials,
https://doi.org/10.1007/978-3-658-26030-9_1

In diesem Springer *essential* soll zum einen definiert werden, welche Arten der sexuellen Grenzverletzungen es gibt, welche rechtlichen Rahmenbedingungen zu berücksichtigen sind und welche Eskalationsprozesse diese erfordern. Das Thema geht jedoch weit über die rein rechtliche Komponente hinaus. Opfer brauchen zunächst auch eine unabhängige Anlaufstelle in der Organisation, die das Opfer emotional auffängt und bei weiteren Schritten berät. Viele Vorfälle sind nicht immer eindeutige Gesetzverstöße und spielen sich in Grauzonen ab. Daher ist es wichtig, dass Unternehmen Schutzkonzepte haben, die klar definieren, welches Verhalten akzeptabel ist und welches nicht. Dazu gehört auch, dass das Unternehmen Mitarbeiter über ihre Rechte aufklärt. Dieser Themenblock rundet dieses Buch ab.

1.1 Begriffserläuterungen

1.1.1 Sexuelle Grenzverletzungen

Eine Problematik der #metoo Bewegung besteht darin, dass in der Diskussion Formen sexueller Grenzverletzungen gleichgesetzt werden, d. h. es wird zu wenig zwischen Belästigung und Gewalt differenziert. Das ist zum einen aus Opfersicht problematisch, da so eine Opfer von Gewalt auf eine Ebene mit jemandem gesetzt wird, der sich durch einen zweideutigen Witz belästigt fühlt. Auch letzteres ist am Arbeitsplatz in der Regel unpassend und sollte sanktioniert werden, aber eben in unterschiedlichen Eskalationsstufen. Daher wird im Folgenden der Oberbegriff „sexuelle Grenzverletzung" gewählt, unter dem dann jedoch zwischen „sexueller Belästigung" und „sexueller Gewalt" differenziert wird.

Grundsätzlich ist zu berücksichtigen, dass bei einer sexuellen Grenzverletzung nicht die Intention des Täters maßgeblich ist. Das betont noch einmal die Bedeutung von Schutzkonzepten, da Menschen, die ihre berufliche Sozialisierung in einem anderen Kontext erlebt haben, andere Sensibilitäten haben und selbst nicht wahrnehmen, dass andere sich durch das Verhalten unwohl fühlen. Als Beispiel kann hier ein älterer Kollege dienen, der bei Tisch einen schlüpfrigen Witz erzählt, weil das früher so üblich war und eine jüngere Kollegin, die sich dadurch belästigt fühlt, weil dies in ihrem beruflichen Leben schon immer verpönt war. Relevant ist nur, ob das Verhalten von der anderen Person als unerwünscht erlebt wird und die andere Person die Nichterwünschtheit des Verhaltens kommuniziert hat. Das Ergebnis einer Grenzüberschreitung ist einen erlebte Demütigung oder Beschämung. Daher ist bei niederschwelliger sexueller Belästigung auch immer das Opfer darauf hinzuweisen, dass die Unerwünschtheit klar kommuniziert wird. Allerdings reicht das rein subjektive Empfinden nicht als Kriterium aus. Vielmehr müssen bei der Bewertung eines Verhaltens als mögliche Grenzverletzung auch objektive Maßstäbe herangezogen werden. D. h. zum Beispiel, dass es anders zu gewichten ist, wenn ein Professor einer Kollegin mit der er auch privat befreundet ist, Blumen mitbringt, weil sie an Liebeskummer leidet als wenn er einer Studierenden nach Vorlesungsschluss einen Strauß roter Rosen schenkt. Auch ist das Anbringen eines Pin Up Kalenders in einer Baubude anders zu werten als im Amtszimmer eines Landesbeamten. Die persönliche Beziehung der Personen untereinander und der Unternehmenskontext sowie allgemeine Standards von Sitte und Anstand sind also zu berücksichtigen.

Dennoch sollten Unternehmen jede Meldung ernsthaft prüfen, um sich nicht dem Vorwurf auszusetzen, das Thema nicht ernst zu nehmen. Ist das Thema auf einer disziplinarischen Ebene angelangt, so ist die Balance zu wahren zwischen dem Rechtsinteresse nach Aufklärung einerseits und dem Anrecht auf die Unschuldsvermutung. Es ist also darauf zu achten, dass Sympathie für das Opfer oder Abscheu vor der angezeigten Tat nicht die Objektivität bei der Aufklärung gefährden.

1.1.2 Sexuelle Belästigung

Der Begriff der sexuellen Belästigung wird in § 3 Abs. 4 des Allgemeinen Gleichbehandlungsgesetz definiert. Es handelt sich dann um eine sexuelle Belästigung, wenn das Verhalten einer Person dazu führt, dass die Würde einer anderen Person z. B. durch Einschüchterungen, Erniedrigungen, Entwürdigungen oder Beleidigung verletzt wird. Diese Verhaltensweisen können verbal sein (z. B. „Der Ausschnitt betont Deine schönen Brüste.“), non-verbal (z. B. Verbreiten von Nacktfotos) oder physisch (z. B. Tätscheln an intimen Körperstellen)[1].

Unter den Begriff sexuelle Belästigung fallen:

- Unerwünschte sexuell bestimmte körperliche Berührungen
- Unerwünschte sexuelle Handlungen und Aufforderungen

---

[1]Hierbei sind vor allem auch kulturelle Unterschiede zu berücksichtigen. So ist es in Italien vollkommen normal Menschen im beruflichen Umfeld auf die Wange zu küssen, in Russland sogar auf den Mund. In Großbritannien ist jede Form von körperlichem Kontakt am Arbeitsplatz unschicklich.

- Unerwünschte Bemerkungen sexuellen Inhalts
- Unerwünschtes Zeigen und sichtbares Anbringen von pornografischen[2] Darstellungen

Auch hier zeigt sich, dass die jeweiligen Begrifflichkeiten recht allgemein gehalten sind und Interpretationsspielraum zulassen. Daher ist es unumgänglich, das eine Organisation klare Regeln aufstellt, welches Verhalten sie akzeptiert und welches nicht. Das ist eine Regel der grundlegenden Fairness Mitarbeitern gegenüber. Sie müssen wissen, welche Rechte sie von der Organisation einfordern können und niemand darf davon überrascht sein, wenn sein Verhalten sanktioniert wird.

Formen sexueller Belästigung:

Verbal –
    Vulgäre Sprache
    sexuell anzügliche Bemerkungen
    schlüpfrige Witze
    anzügliche Bemerkungen zur Wirkung der Kleidung oder des Aussehens
    Fragen oder Bemerkungen zu intimen Lebensbereichen
    Aufforderungen sexuellen Handlungen
    unangemessene Einladungen und Treffen im privaten Umfeld

Non-verbal
    aufdringliches Starren insbesondere auf intime Körperzonen
    unerwünschte E-Mails, Textnachrichten, Fotos oder Filmaufnahmen mit sexuellem Inhalt

---

[2]Vieles wird als Resultat der Sexismus und #metoo Debatte pauschal als „pornografisch" bezeichnet. Tatsächlich ist der Begriff recht eng formuliert. Der BGH definiert Pornografie wie folgt: „Als pornografisch ist eine Darstellung anzusehen, wenn sie unter Ausklammerung aller sonstigen menschlichen Bezüge sexuelle Vorgänge in grob aufdringlicher, anreißerischer Weise in den Vordergrund rückt und ihre Gesamttendenz ausschließlich oder überwiegend auf das lüsterne Interesse des Betrachters an sexuellen Dingen abzielt". Diese Definition ist für den betrieblichen Alltag sicher zu eng gefasst. So wäre der Pirelli Kalender sicher nicht darunter zu fassen, doch wäre er trotz künstlerischen Anspruchs fehl am Platz im Amtszimmer eines Richters. Insofern muss man grundsätzlich immer die Frage stellen, was im jeweiligen Kontext angemessen ist. Grundsätzlich sollte man erotische Darstellungen jeder Art am Arbeitsplatz unterbinden, um keine Grauzonen entstehen zu lassen.

> Kontaktaufnahme in sozialen Netzwerken, wenn keine persönliche Beziehung vorliegt
> Aufhängen oder Verbreiten Materials erotischer Natur
> Entblößen des Intimbereichs
>
> Physisch
> unerwünschte Berührung (Tätscheln, Reiben, Streicheln, Kneifen, Umarmen, Küssen)
> Verletzung der Distanzzone (Hat man kein freundschaftliches Verhältnis zu betreffenden Person, gilt im nordeuropäischen Kulturkreis 1,20–3,0 m als angemessen)
> körperliche Gewalt sowie jede Form sexualisierter Übergriffe bis hin zu Vergewaltigung

Kritiker befürchten häufig, dass die Ahndung sexueller Belästigung am Arbeitsplatz zu einer Art Hexenjagd werden kann und jede Form der Annäherung als sexuelle Belästigung gesehen werden kann. Der Unterschied ist jedoch eindeutig. Eine sexuelle Belästigung unterscheidet sich von einem Flirt durch:

Beispiel

Kennzeichen sexueller Belästigung:
Unerwünschtheit bzw. Einseitigkeit
Erniedrigung und Abwertung
Grenzüberschreitung, d. h. das Verhalten entspricht nicht der Beziehung der Personen
Erpressung durch Androhung von Nachteilen oder Zusage von Vorteilen durch Vollzug einer sexuellen Handlung

1.1.3 Sexuelle Gewalt

Sexuelle oder sexualisierte Gewalt ist eine Form der Gewalt, bei der sexuelle Bedürfnisse einer Person unter Anwendung von Gewalt auf Kosten der körperlichen oder seelischen Integrität einer anderen Person befriedigt werden. Das Strafgesetzbuch kennt hier die Straftatbestände Vergewaltigung, sexuelle Nötigung und sexueller Missbrauch. Besonders schwerwiegend ist dies, wenn es sich um Schutzbefohlene handelt. Der Begriff „Nötigung" ist nicht ganz unproblematisch. Er ist im § 240 1 StGB geregelt und besagt, dass Nötigung dann vorliegt, wenn eine Person einer anderen Person die Freiheit der Willensentschließung und Willensbetätigung durch Nötigungsmittel nimmt. Eine Nötigung liegt also nur dann vor, wenn der Einsatz der Nötigungsmittel auch zum Erfolg geführt hat. Nicht unumstritten ist aber die Definition der Nötigungsmittel. Hier stellt sich die Frage, ob Gewalt unmittelbar sein muss oder aber ob auch Formen der Manipulation schon eine Form der Nötigung darstellen können. Die Rechtsprechung geht jedoch davon aus, dass Nötigung nur bei physischer Gewalt oder der Androhung eines erheblichen Übels vorliegt. Dies kann ein körperliches Überwältigen des anderen sein, aber z. B. auch die Verabreichung von Betäubungsmitteln oder Alkohol. Hierbei ist zu beachten, dass Fälle sexueller Gewalt nichts nur arbeits-, sondern auch straf- und ggf. zivilrechtliche Konsequenzen nach sich ziehen. Werden solche Vorwürfe erhoben, hat der Arbeitgeber unverzüglich zum Schutz des mutmaßlichen Opfers zu handeln, auch wenn für den mutmaßlichen Täter die Unschuldsvermutung zu gelten hat.

1.1.4 Grauzonen

Grauzonen können zweierlei Natur sein: zum einen kann es sich um ein Verhalten handeln, das eine andere Person in ihrem subjektiven Empfinden herabwürdigt oder belästigt, aber objektiven Maßstäben nicht genügt. Das können z. B. sein: eine Besprechung in den Privaträumen eines Professors, ein tröstend gemeintes In-den-Arm-Nehmen oder das eigentlich nur freundlich gemeinte Verschenken von Blumen o. ä. Hier ist dem vermeintlichen Opfer zu vermitteln, dass individuelle Grenzen gesetzt werden.

Eine andere Form der Grauzone besteht darin, dass ambivalente Situationen entstehen. Dies kann z. B. durch übermäßigen Alkoholkonsum geschehen, nach dem keine der betroffenen Parteien wirklich mehr weiß, was vorgefallen ist. Dies kann durch eine unangemessene Nähe, z. B. ausgelassenes Feiern zwischen Ausbilder und Auszubildenden sein. In solchen Situation können Verhaltensweisen missinterpretiert werden und Gerüchte werden in die Welt gesetzt. Das schlimme an solchen Gerüchten ist, dass man sie nie wiederlegen kann und sie oft auch gar nicht selber kennt. Daher empfiehlt es sich zum einen, für sich selbst zu definieren, welche Form des Kontakts und welchen Grad der Nähe man als angemessen empfindet. Gleichzeitig sollte aber auch eine Organisation Verhaltensregeln z. B. in Form eines Schutzkonzepts definieren. Solche Schutzkonzepte können nichts gegen kriminelle Energie bewirken, aber allen Beteiligten Orientierung und Sicherheit geben.

Rechtliche Dimension

2

2.1 AGG

Die rechtlich verbindliche Definition von sexueller Belästigung geht auf die Richtlinie 2006/54/EG der Europäischen Union zurück. Hierbei handelt es sich um eine grundsätzliche Gleichbehandlungsrichtlinie, die in jeweils nationales Recht umgesetzt wurde. Daher ergeben sich neben kulturellen also auch rechtliche Unterschiede von Land zu Land. Sexuelle Belästigung ist auf EU Ebene definiert als „jede Form von unerwünschtem Verhalten sexueller Natur, das sich in unerwünschter verbaler, nicht-verbaler oder physischer Form äußert und das bezweckt oder bewirkt, dass die Würde der betreffenden Person verletzt wird, insbesondere wenn ein von Einschüchterungen, Anfeindungen, Erniedrigungen, Entwürdigungen und Beleidigungen gekennzeichnetes Umfeld geschaffen wird". Hieraus erwächst dem Arbeitgeber die Pflicht, nicht nur Vorfälle zu ahnden, sondern aktiv darauf einzuwirken, dass ein diskriminierungsfreies Umfeld gewährleistet ist. Daraus ergibt sich die Notwendigkeit präventiver Maßnahmen, Schutzkonzepte und Ansprechpersonen für Opfer.

Die Regelung des AGG ersetzen das Gesetz zum Schutz der Beschäftigten vor sexueller Belästigung am Arbeitsplatz (Beschäftigtenschutzgesetz – BeschSchG).

2.2 Strafrecht

§ 184i StGB regelt sexuelle Belästigung strafrechtlich: „Wer eine andere Person in sexuell bestimmter Weise körperlich berührt und dadurch belästigt wird mit Freiheitsstrafe bis zu zwei Jahren oder mit Geldstrafe bestraft." Hierbei gilt, dass eine Strafverfolgung in der Regel nur auf eine Anzeige hin erfolgt, es sei denn

© Springer Fachmedien Wiesbaden GmbH, ein Teil von Springer Nature 2019
T. Krings, *Sexuelle Grenzverletzungen am Arbeitsplatz,* essentials,
https://doi.org/10.1007/978-3-658-26030-9_2

es besteht ein besonderes öffentliches Interesse an der Strafverfolgung. Sexuelle Belästigung ohne körperliche Berührung ist in Deutschland nur dann strafbar, wenn die eine Beleidigung mit sexuellem Hintergrund enthält (z. B. ein obszöner Anruf). Hierbei ist nicht das individuelle Empfinden entscheidend, sondern es muss objektiv eine Grenzverletzung erkennbar sein.

Schwere Fälle der sexuellen Belästigung gemäß § 184i StGB sind in Anwendung von § 177 als sexueller Übergriff bzw. Vergewaltigung im mit Strafe bedroht. § 177 (1) definiert: „Wer gegen den erkennbaren Willen einer anderen Person sexuelle Handlungen an dieser Person vornimmt oder von ihr vornehmen lässt oder diese Person zur Vornahme oder Duldung sexueller Handlungen an oder von einem Dritten bestimmt, wird mit Freiheitsstrafe von sechs Monaten bis zu fünf Jahren bestraft.".

Ebenfalls strafbar ist das sogenannte Stalking, strafrechtlich als Nachstellung bezeichnet. Diesen Straftatbestand gibt es seit 2007. Zwar waren viele Elemente des Stalkings (z. B. Bedrohung, Beleidigung, Hausfriedensbruch) auch vorher schon strafbar, doch bedeutete dies, dass die Gesetze erst bei einer relativ hohen Eskalationsstufe griffen. (§ 238 StGB, alte Fassung) Damit liegt Nachstellung vor, wenn die Handlungen des Nachstellenden die Lebensgestaltung Opfer erheblich beeinträchtigten, insbesondere dann, wenn eine Gesundheitsbeeinträchtigung des Opfers vorliegt. 2017 wurde das Gesetz verschärft, sodass nicht mehr der Erfolg des Handelns über die Strafbarkeit entscheidet. Der Täter kann nun auch bestraft werden, wenn seine Handlungen dazu geeignet sind, die Lebensgestaltung des Opfers zu beeinträchtigen. Sah das alte Gesetz in der Regel den Weg der Privatklage vor, so sieht die neue Regelung die Strafverfolgung als Standard. Obschon es in der Natur der Sache liegt, dass diese Nachstellungen zu einem großen Anteil im Privatleben stattfinden, so hat der Arbeitgeber dennoch geeignete Maßnahmen zum Opferschutz zu ergreifen. Auch können Straftaten, die in der Freizeit begangen werden, arbeitsrechtliche Konsequenzen nach sich ziehen.

Es zeigt sich also Folgendes: Strafrechtlich gesehen sind die Hürden für ein staatliches Eingreifen also relativ hoch.

2.3 Arbeitsrecht

Neben dem AGG gilt im Arbeitsrecht vor allem § 75 des Betriebsverfassunggesetzes:

1. Arbeitgeber und Betriebsrat haben darüber zu wachen, dass alle im Betrieb tätigen Personen nach den Grundsätzen von Recht und Billigkeit behandelt

werden, insbesondere, dass jede Benachteiligung von Personen aus Gründen ihrer Rasse oder wegen ihrer ethnischen Herkunft, ihrer Abstammung oder sonstigen Herkunft, ihrer Nationalität, ihrer Religion oder Weltanschauung, ihrer Behinderung, ihres Alters, ihrer politischen oder gewerkschaftlichen Betätigung oder Einstellung oder wegen ihres Geschlechts oder ihrer sexuellen Identität unterbleibt.
2. Arbeitgeber und Betriebsrat haben die freie Entfaltung der Persönlichkeit der im Betrieb beschäftigten Arbeitnehmer zu schützen und zu fördern.

Folglich sind alle Schutz- und Präventionsmaßnahmen mitbestimmungspflichtig und in Form einer Betriebsvereinbarung festzuhalten.

Was im Einzelfall zu sexueller Belästigung am Arbeitsplatz gehört, erschließt sich im Wesentlichen aus der aktuellen Rechtsprechung. Diese ist jedoch nicht immer eindeutig. So gibt es z. B. ein Urteil nach dem einer Führungskraft wegen verbaler Ausfälle gekündigt wurde, weil diese in seinen Augen nur einen „harmloses Schäkern" war, das Gericht jedoch die Würde der Mitarbeiterin verletzt sah (Bundesarbeitsgericht [BAG], Urteil v. 09.06.2011–AZ: 2 AZR 323/10). Dann wiederum entschied das Bundesarbeitsgericht, dass einem Mitarbeiter, der eine Frau auf der Arbeit unsittlich berührt hat, nicht gekündigt werden darf, weil es sich um einen Einzelvorfall handelte (FAZ, Online). Ob auch eine Abmahnung ausreicht ist im Einzelfall zu prüfen. Jedoch ist darauf zu achten, dass ein zu häufiges Abmahnen ohne arbeitsrechtliche Konsequenzen ggf. die Unwirksamkeit der Abmahnung zur Folge hat (Krings 2018, S. 72). Bei einer Abmahnung muss der Arbeitgeber den Arbeitnehmer in detaillierter Form auf das Fehlverhalten hinweisen, sodass dieser die Möglichkeit haben muss, sein Verhalten zu korrigieren.

Der Arbeitgeber hat nach Kenntnisnahme dafür zu sorgen, dass das Verhalten abgestellt wird, die notwendigen arbeitsrechtlichen Konsequenzen zu ergreifen und Mitarbeiter vor künftiger sexueller Belästigung bzw. Gewalt zu schützen. Kommt der Arbeitgeber dieser Schutzpflicht nicht nach, kann der Arbeitnehmer zunächst nach § 13 AGG eine Beschwerde an die Beschwerdestelle stellen. Diese hat die Beschwerde zu prüfen und den Beschwerdeführer über das Ergebnis zu informieren. Dem Beschwerdeführer dürfen aus der Beschwerde keine Nachteile erwachsen.

Unternimmt der Arbeitgeber keine geeigneten Maßnahmen zum Schutz vor sexueller Belästigung oder Gewalt, so hat der Mitarbeiter nach § 14 AGG ein Leistungsverweigerungsrecht und kann zu seinem Schutz der Arbeit fern bleiben. Hierbei gilt, dass der Arbeitgeber auch in diesem Falle weiter das volle Gehalt zahlen muss. Der Arbeitgeber sollte jedoch immer eine schriftliche Begründung für die Nichtwirksamkeit der Schutzmaßnahmen verlangen. Die Beweislast liegt hier im Zweifelsfall beim Mitarbeiter. Ist die Leistungsverweigerung nicht gerechtfertigt, kann der Arbeitgeber die Kündigung aussprechen.

Gemäß § 15 AGG kann der Mitarbeiter auch Ansprüche auf Schadensersatz geltend machen. Im Gegensatz zu den oft kolportierten Millionenklagen aus den USA gilt in Deutschland, dass es nicht etwa ein Schmerzensgeld gibt, sondern dass durch die Belästigung bzw. Gewalt entstandene Kosten z. B. für Therapie oder Wohnortswechsel erstattet werden.

Grundsätzlich gelten für das Melden von Vorfällen keine Fristen, d. h. der Arbeitgeber muss sich auch um historische Fälle kümmern. Bei der Geltendmachung von Ansprüchen hingegen gilt jedoch eine Frist von zwei Monaten.

Sanktionierung 3

Grundsätzlich sind zwar mehr Frauen Opfer sexueller Grenzverletzungen als Männer, jedoch darf man die Thematik keines Falls zu „Männer sind Täter" und „Frauen sind Opfer" verkürzen. Die grundsätzliche Problematik bei der Erfassung der Zahlen von Opfern besteht darin, dass viele Fälle oft nicht erfasst sind, weil sie strafrechtlich nicht relevant sind. Daher wird in Studien in der Regel nur gefragt, ob man sich belästigt gefühlt hat. Da dies rein subjektive Empfinden allerdings auch der rechtlichen Definition von sexueller Belästigung nicht genügt, sind die Zahlen wenig belastbar. Ob man einen Vorfall als Belästigung meldet, hängt also von der eigenen Sozialisierung und persönlichen Moral- und Anstandsvorstellungen ab und davon, ob man Scham empfindet, sich als Opfer zu identifizieren.

Eine Studie aus der Schweiz zeigt, dass zwar tatsächlich mehr Männer als Frauen Täter sind. Aber diese Studie zeigt auch, dass Frauen sehr wohl Täter sein können und dass eine niederschwellige sexuelle Belästigung (z. B. Bezeichnung eines Kollegen als „Sahneschnittchen") tendenziell eher von Frauen ausgeht als von Männern (NZZ 2013, online). Nicht wenige Schutzkonzepte gehen jedoch von dem starren Opfer – Täter Verhältnis zwischen Mann und Frau aus. Tatsache ist jedoch, jeder kann Opfer sein und jeder kann Täter sein. Folglich ist wichtig, dass sich auch alle möglichen Opfer von einem solchen Konzept angesprochen fühlen und dass es keine Tabus bei der Verfolgung mutmaßlicher Täter gibt. Betrachtet man z. B. die Diskussion um den systematischen sexuellen Missbrauch an der Odenwaldschule, so wird deutlich, dass der Missbrauch eigentlich gar nicht im Verborgenen stattgefunden hat, sondern dass Hinweise auf übergriffiges Verhalten ignoriert wurden, weil es einfach unmöglich sei, dass die betreffende Person ein Täter sein könnte (DLF 2016, online).

© Springer Fachmedien Wiesbaden GmbH, ein Teil von Springer Nature 2019   11
T. Krings, *Sexuelle Grenzverletzungen am Arbeitsplatz,* essentials,
https://doi.org/10.1007/978-3-658-26030-9_3

Auch verlangt das binäre Geschlechterverständnis, dass ein Mensch sich eindeutig einem Geschlecht zuordnet und ignoriert die komplette Transgenderthematik[1]. Gerade junge Männer haben eher eine Scheu, sexuelle Übergriffe zu melden, weil sie befürchten nicht ernst genommen zu werden. So wandte sich in einem großen Handelskonzern ein verzweifelter Auszubildender, der von einer erheblich älteren Kollegin massiv bedrängt wurde in einer e-mail an den Vorstandsvorsitzenden, weil er von allen untergeordneten Instanzen ignoriert worden war. Der Vorstandsvorsitzende intervenierte dann auch tatsächlich.

Sanktionsstufen des Unternehmens können sein: Versetzung/Umsetzung, Ermahnung, Abmahnung, ordentliche Kündigung oder außerordentliche Kündigung. Bei Vorfällen, die aus Arbeitgebersicht eine außerordentliche Kündigung erfordern, empfiehlt es sich, für den Fall der Unwirksamkeit der außerordentlichen Kündigung gleichzeitig die fristgerechte auszusprechen. Grundsätzlich hat der Arbeitgeber bei der Wahl der Eskalationsmechanismen einen gewissen Ermessensspielraum. Will man jedoch klar und eindeutig in die Organisation kommunizieren, dass das Thema ernst genommen wird, empfiehlt es sich, am oberen Rahmen der juristisch Möglichen zu agieren.

3.1   Der Eskalationsprozess

Täter und Opfer können also alt, jung, Männer, Frauen, Transgender Personen, Heterosexuelle, Homosexuelle, Mitarbeiter, Führungskräfte, Kunden oder Externe sein. Dies muss also zu einen bei Schutzkonzepten beachtet werden, aber vor allem auch bei der Bearbeitung der Vorfälle. Grundsätzlich muss also jede Meldung vorurteilsfrei geprüft werden. Die Meldung und die folgenden Schritte des Unternehmens müssen immer schriftlich dokumentiert werden. Laut AGG ist der Arbeitgeber verpflichtet, eine Beschwerdestelle einzurichten und die zu kommunizieren.

---

[1]Dies hat sich z. B. in Großbritannien als ein Problem erwiesen als ein transgender Mensch biologisch ein Mann war, aber sich als Frau identifizierte und in ein Frauengefängnis eingeliefert wurde und dort eine Vergewaltigung verübte (Vgl. Guardian 2018, online).

Ein Leitfaden für ein strukturiertes Gespräch zur Aufnahme einer sexuellen Grenzverletzung kann wie folgt aussehen:

Datum:
Bei:
Beschwerdeführende Person:
Stelle:
Abteilung:
Vorgesetzter:

Sachverhalt

1. Was ist passiert?
2. Wer ist/sind der/die mutmaßliche(n) Täter?
3. Ort(e) und Zeitpunkt(e):

4. Zeitpunkt/Zeitpunkte des Vorfalls/der Vorfälle:

5. Was wurde bisher unternommen?

6. Wie soll es weitergehen:

7. Wer hat Kenntnis von dem Vorgang?

8. Ist ein formelles Verfahren notwendig?

9. Gibt es Zeugen oder Belege?

10. Wurden bereits andere Stellen einbezogen (z. B. externe Beratungsstellen, disziplinarischer Vorgesetzter, etc.) und was haben diese unternommen?

<table>
<tr><td colspan="1">11. Stellungnahme des mutmaßlichen Täters:</td></tr>
<tr><td>Schriftlich

Wann angefordert?

Wo verfügbar?

</td></tr>
<tr><td>12. Wie stellt sich der Abgleich der Aussagen von mutmaßlichem Täter und Opfer dar?</td></tr>
<tr><td>

</td></tr>
<tr><td>12. Wurde der Vorgesetzte oder weitere aus disziplinarischen Gründen einzubindende Instanzen informiert?</td></tr>
<tr><td>ja ☐   nein ☐
Wer? Status?

</td></tr>
</table>

Dieser Bogen deckt die wesentlichen Eckpunkte ab. Wenn man als offizieller Vertreter der Organisation ein solches Gespräch führt, dann gilt es einerseits Empathie für das mutmaßliche Opfer zu vermitteln, gleichzeitig aber auch keine Vorverurteilung vorzunehmen. So schrecklich die Vorwürfe im Einzelnen auch sein mögen, sie müssen sachlich geprüft werden. Auch der mutmaßliche Täter hat ein Anrecht davon, von der Organisation fair und unvoreingenommen behandelt zu werden. Andererseits müssen diese Vorwürfe aber auch ungeachtet der Person des mutmaßlichen Täters geprüft werden. Ein Schwierigkeit solcher Gespräche liegt darin, dass es nur dann möglich ist, die vorgebrachten Vorwürfe auf ihren Wahrheitsgehalt zu prüfen, wenn man sie möglichst detailliert kennt. Daher können solche Gespräche durchaus auch den Anschein erwecken, voyeuristischer Natur zu sein. Daher empfiehlt es sich, das mutmaßliche Opfer zu bitten, eine Person ihres Vertrauens zum Gespräch hinzuzuziehen. Dies kann z. B. ein von der Organisation ernannter Ansprechpartner für Opfer sexueller Übergriffe sein, ein Betriebsratsmitglied oder ein Freund oder eine Freundin. Diese Person ist eben nicht mit der neutralen Überprüfung beauftragt, sondern gezielt für die Unterstützung des mutmaßlichen Opfers zuständig. Da das mutmaßliche Opfer verständlicherweise emotional aufgewühlt sein wird, ist es wahrscheinlich, dass andere über den Vorfall informiert wurden. Daher ist es wichtig, die zu erfragen und sowohl das mutmaßliche Opfer wie auch die Mitwisser darüber zu informieren, dass diese Informationen diskret zu behandeln sind. Zum einen droht hier die Gefahr, dass der mutmaßliche Täter dies als Verleumdung ahndet und zum anderen neigen diese Themen dazu, bei jeder Wiederholung dramatischer zu werden. Beides ist nicht im Interesse der handelnden Personen und des Unternehmens.

Die Beschwerdestelle in der Organisation muss soweit juristische Fachkenntnisse besitzen, dass er informierte Aussagen zu weiteren Eskalationsmechanismen tätigen kann. Dies kann jedoch auch über den von der Organisation bestimmten Ansprechpartner für Opfer sexueller Grenzverletzung erfolgen. Dieser muss in jedem Fall Kontakte zur weiteren Betreuung des Opfers vermitteln. Diese Stelle, die später in diesem Buch detaillierter vorgestellt wird, unterscheidet sich von der Beschwerdestelle dadurch, dass sie ausschließlich für die Prozessbegleitung zuständig ist und nicht mit der Aufklärung des Sachverhalts und der Sanktionierung befasst ist.

Je nach Typ des Täters variiert der Ablauf des weiteren Eskalationsprozesses (s. Abb. 3.1, 3.2, 3.3 und 3.4). Bei internen Tätern ist firmenseitig das Arbeitsrecht anzuwenden. Je nach Schwere des Vorfalls kann eine Ermahnung, eine Abmahnung oder eine ordentlich oder außerordentliche Kündigung ausgesprochen werden. Handelt es sich beim Täter um einen Externen, sind die notwendigen Maßnahmen zum Schutz des Opfers zu ergreifen.

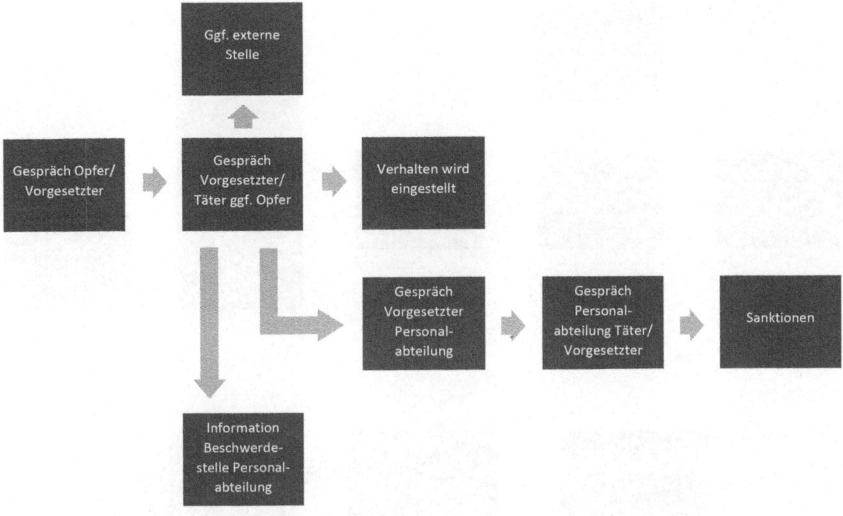

Abb. 3.1   Prozess 1

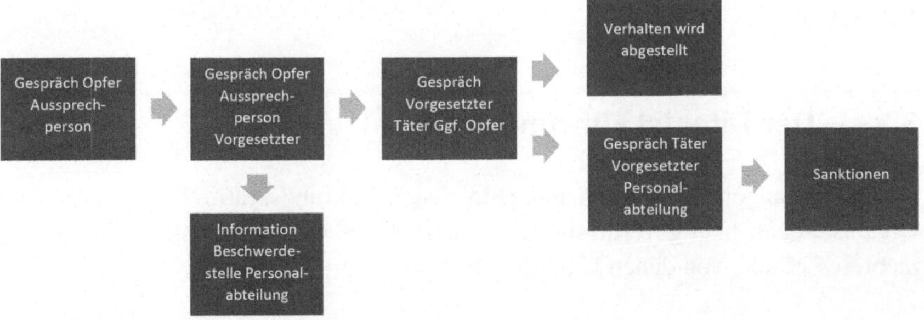

Abb. 3.2   Prozess 2

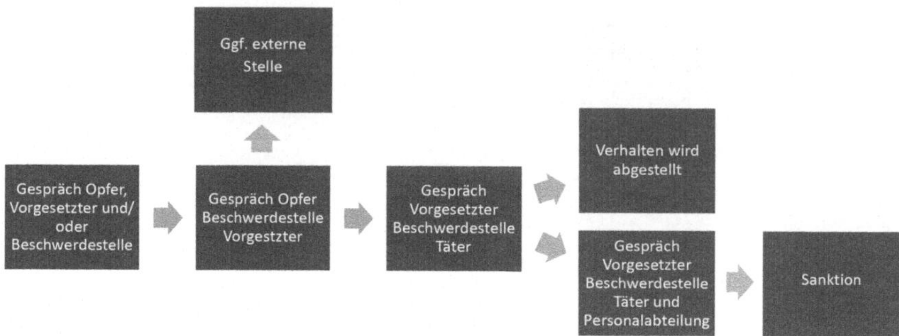

Abb. 3.3 Prozess 3

Abb. 3.4 Prozess 4

3.2   Der Täter ist Führungskraft

In der Vergangenheit wurden Fälle, in denen Führungskräfte Täter waren von
Organisationen häufig vertuscht oder zulasten des Opfers gelöst. Dafür gibt es
mehrere Gründe, von denen keiner legitim ist:

- Unternehmen haben Angst davor, dass die Sanktionierung einer Führungskraft
  dazu führt, dass Mitarbeiter sexuelle Belästigung als Vorwand nutzen, um
  unliebsame Chefs loszuwerden.
- Die betroffene Führungskraft ist zu mächtig in der Organisation.
- Man hat Angst, dass der Ruf der Organisation Schaden nimmt, wenn der Vorfall publik wird.
- Aufgrund des hohen Ansehens der Führungskraft wird dem Opfer nicht
  geglaubt.

Daher ist es wichtig, dass die Unternehmensleitung ein klares Commitment abgibt, jeden Täter ungeachtet seiner Person zu bestrafen und jedes Opfer zu schützen. Dies muss auch in die Organisation kommuniziert werden.

Ist die Person hierarchisch oberhalb des disziplinarischen Ansprechpartners in der Organisation angesiedelt ist unverzüglich dessen Vorgesetzter zu informieren und einzubeziehen. In den meisten Fällen werden eine Versetzung oder Sanktionierungen als unverhältnismäßig betrachtet. Man kann in diesem Fall Täter oder Opfer eine Freistellung anbieten. Dieser muss der Mitarbeiter jedoch akzeptieren. Üblich ist auch, dass Opfer bis zur Klärung des Sachverhalts eine Krankmeldung einreichen. Es bietet sich an, dies dem mutmaßlichen Opfer zu empfehlen, denn eine weitere Eskalation ist nicht im Interesse des Unternehmens.

3.3   Der Täter ist Mitarbeiter

Handelt es sich beim mutmaßlichen Täter um einen Mitarbeiter auf gleicher oder untergeordneter Hierarchieebene, so ist zunächst der Tatbestand zu klären. Mit dieser Information geht die Beschwerdestelle dann zum disziplinarischen Vorgesetzten. Dieser muss entscheiden, wie in seinem Verantwortungsbereich mit der Frage des Opferschutzes umgegangen wird. Hier gilt das gleiche wie bei Abb. 3.1. Bei der Anhörung des Beschuldigten ist dessen Vorgesetzter einzubeziehen. Je nach Schwere der Sanktion ist der Betriebsrat einzubinden.

3.4   Der Täter ist Kunde

Auch hier ist zu beachten, dass der Arbeitgeber die Pflicht hat, ein diskriminierungsfreies Umfeld herzustellen, d. h. auch bei Grenzüberschreitungen durch den Kunden muss der Arbeitgeber reagieren. Dies können z. B. gerade in der Gastronomie Körperkontakt sein oder aber anzügliche Bemerkungen o. ä. Da das Arbeitsrecht hier nicht greift, ist das Hausrecht zu nutzen und der Kunde ist des Platzes zu verweisen. Es steht der belästigten Person frei, weitere juristische Schritte zu ergreifen. Bei Übergriffen ist die Polizei einzuschalten. Es ist zu prüfen, ob das Unternehmen weitere Schritte unternehmen kann, um die belästigte Person zu schützen, so z. B. durch die Zuweisung eines gut beleuchteten Parkplatzes in der Nähe des Eingangs.

3.5 Der Täter ist Externer

Hier ist analog zu Abb. 3.4 zu verfahren. Handelt es sich um einen Angestellten eines Unternehmens, das in Geschäftsbeziehungen zum Arbeitgeber des Opfers steht, ist dieses zu informieren.

Schutzkonzepte 4

Den Arbeitgeber hat nach § 12 AGG die Vorschriften, Präventionsmaßnahmen zur Vermeidung sexueller Grenzverletzungen am Arbeitsplatz. Ferner sind durch die Beschwerdestelle auch Reaktionspflichten bei konkreten Vorwürfen verlangt. Es reicht also schon rein juristisch betrachtet nicht aus, sexuelle Grenzverletzungen nicht zu billigen, sondern es müssen proaktiv Maßnahmen zum Schutz von Mitarbeitern getroffen werden. Dieser Schutz umfasst also auch Präventionskonzepte. Hierzu gehört zunächst einmal, dass der Arbeitgeber in effektiver Art und Weise, insbesondere im Rahmen der beruflichen Ausbildung, auf die Unzulässigkeit sexueller Grenzverletzungen (u. a. auch durch klare Definitionen, was man darunter versteht) hinweisen und auf die Unterlassung hinwirken. Es ist also wichtig, dass Firmen vor allem präventiv tätig werden, aktiv auf ihre Organisationsentwicklung einwirken, ein klares Regelwerk schaffen und umsetzen sowie eine Anlaufstelle für Opfer anbieten.

Daher ist es sinnvoll, Schutzkonzepte zu erarbeiten, die klare Regeln schaffen und Opfern Wege aufzeigen, wie sie mit der Thematik umgehen können. Gleichzeitig ist es sehr sinnvoll, Personen zu definieren, die anders als die Beschwerdestelle nicht mit der Aufklärung und Sanktion beschäftigt sind, sondern die das Opfer im Prozess der Verarbeitung des Vorfalls begleiten. Diese Schutzkonzepte werden in der Regel in Form von Betriebsvereinbarungen abgeschlossen.

4.1 Ansprechpartner für Opfer

In vielen Fällen ist es für das Opfer gar nicht erkennbar, wer sein Ansprechpartner in der Organisation ist. Die Hemmschwelle, direkt zur Beschwerdestelle zu gehen ist für viele relativ hoch. Zum einen haben viele Angst davor, dass ihnen aus der Anzeige des Vorgangs Nachteile erwachsen, besonders wenn der Täter

© Springer Fachmedien Wiesbaden GmbH, ein Teil von Springer Nature 2019   21
T. Krings, *Sexuelle Grenzverletzungen am Arbeitsplatz*, essentials,
https://doi.org/10.1007/978-3-658-26030-9_4

hierarchisch höher gestellt ist. Hinzu kommen oft das Gefühl, selbst doch irgendwie auch an der Situation Schuld zu sein, Scham und das Gefühl von Ohnmacht. Bei Männern ist die Hemmschwelle, sich über sexuelle Grenzverletzungen zu beschweren oft sehr hoch, weil viele dies mit ihrem Verständnis von Männlichkeit nicht vereinbaren können.

Man muss sich vor Augen führen, dass solche Grenzverletzungen häufig sehr unerwartet passieren und das Opfer davon so überrascht wird, dass es nicht oder nicht angemessen reagiert. Dies wird dann später häufig als besonders starke Hilflosigkeit erlebt. In anderen Worten: leider schaffen die Täter es durch ihr Verhalten, dass das Opfer die ihm zugedachte Opferrolle annimmt und sich nicht wehrt. Deshalb stellt sich häufig im Nachhinein heraus, dass der gemeldete Vorfall nicht der erste Vorfall war und der Täter viel zu lang agieren konnte.

Insofern ist es wichtig, dass es in der Organisation eine Anlaufstelle für Opfer gibt. Die Existenz dieser Stelle muss kommuniziert werden, denn die Praxis zeigt, dass diese tatsächlich mehr genutzt wird, wenn sie einen gewissen Bekanntheitsgrad hat. Hat man eine solche Stelle nicht, ist die Dunkelziffer der sexuellen Grenzverletzungen als wahrscheinlich relativ hoch. Es ist nicht die Aufgabe dieser Person, dem Vorfall an sich nachzugehen. Vielmehr geht es darum, dem Opfer zunächst zuzuhören und Empathie zu vermitteln. Ein solches Gespräch ist für das Opfer der erste Schritt aus der Opferrolle heraus. Es ist wichtig, das Opfer darin zu bestärken, über das Thema zu reden und eine Sanktionierung zu verlangen. Hierbei ist aber zu beachten, dass man dabei relativ harmlose Dinge nicht dramatisiert, sondern das Opfer ermutigt selbst Grenzen zu setzen. Dennoch muss man hier vorsichtig sein. Vorfälle, die einem selbst relativ harmlos erscheinen, können für das Opfer sehr schwierig sein, weil sie z. B. zugelassen haben, dass jemand mehrfach körperliche Annäherungsversuche unternommen hat oder sie mehrfach mit unsittlichen Angeboten bedrängt hat. In diesem Fall ist nicht die Schwere des Vergehens maßgeblich, sondern die erlebte Ohnmacht und die daraus resultierende Angst oder Scham. Insofern sollte man grundsätzlich jeden Vorfall ernst nehmen. Eine weitere Aufgabe dieser Ansprechperson ist es, mit dem Opfer darüber zu reden, wie ein weiterer Eskalationsprozess aussehen kann und auf Wunsch das Opfer in diesem Prozess zu begleiten. Im Gegensatz zur Beschwerdestelle muss diese Person parteiisch sein. Sie ist sozusagen der Anwalt der Opfer. Ferner berät diese Ansprechperson das Opfer in Bezug auf mögliche externe Ansprechpartner, die eine juristische Beratung (z. B. Der weiße Ring) oder die Opfer an psychologische Hilfe vermitteln (z. B. Pfiffigunde e. V.). Wichtig ist, dass die Ansprechperson klare Grenzen des eigenen Handelns setzt und wenn sie dafür nicht qualifiziert ist, nicht versuchen darf, die Rolle eines Psychologen zu übernehmen. Es kommt nicht selten vor, dass das Opfer zwar keine psychologische

Hilfe benötigt, aber trotzdem während der folgenden Wochen mehrfach das Gespräch sucht. Diese Aufgaben können für die Ansprechperson sehr belastend sein. Daher ist es sehr sinnvoll, eine Möglichkeit zur Supervision oder zum Austausch mit Ansprechpersonen anderer Organisationen zu schaffen.

Damit diese Person sinnvoll agieren kann, muss gewährleistet sein, dass sie in Bezug auf die Wahrnehmung dieser spezifischen Aufgabe nicht weisungsgebunden ist und der Schweigepflicht unterliegt, auch dann wenn es im Interesse der Organisation liegt, Kenntnis von dem Vorfall zu erlangen. Ferner muss die Ansprechperson durch geeignete Schulungen oder Coaching auf das Führen solcher kritischen Gespräche vorbereitet werden. Ebenso ist vonseiten der Organisation sicherzustellen, dass diese Person ein Büro hat, in dem vertrauliche Gespräche ungestört geführt werden können und vertrauliche Unterlagen aufbewahrt werden können.

In vielen Organisationen wird diese Rolle von der Frauen- bzw. Gleichstellungsbeauftragten[1] übernommen. Tatsächlich gibt es hier inhaltlich durchaus Berührungspunkte, weil es ja auch Frauen- du Gleichstellungsthemen um diskriminierungsfreien Umgang miteinander am Arbeitsplatz geht und es auch tatsächlich Thema für eine Frauen- bzw. Gleichstellungsbeauftragte ist, wenn sich Vorfälle mit weiblichen Opfern häufen. Genauso gibt es aber auch Berührungspunkte z. B. zum Mobbingbeauftragten oder zum Ansprechpartner für Menschen mit Migrationshintergrund. Später wird darauf eingegangen, warum diese Personen wichtige Stakeholder bei der Erarbeitung von Schutzkonzepten sind. Tatsächlich ist es aus mehreren Gründen problematisch, das Thema sexuelle Grenzverletzungen als Automatismus bei der Frauen- oder Gleichstellungsbeauftragten anzusiedeln. Denn damit sendet man die Botschaft, dass Frauen Opfer und Männer Täter sind. Das mag sicher in vielen Fällen so sein, aber nicht immer. Die Organisation muss klarmachen, dass sie ohne Vorbehalte an dieses Thema herangeht und jedes potenzielle Opfer schützen will. Daher muss es auch für

---

[1]Hierbei gibt es Unterschiede zwischen Bundesländern. Im öffentlichen Dienst in Baden-Württemberg muss es eine weibliche Gleichstellungsbeauftragte sein, in Thüringen können auch Männer diese Funktion übernehmen. In der Regel wird diese Funktion jedoch meist von einer Frau übernommen. Das ist nicht ganz unproblematisch, weil dies um einen eine einseitige Parteinahme für Frauen ist, obwohl es auch Bereiche gibt, in denen Männer diskriminiert werden, wenn man den prozentualen Anteil eines Geschlechts in bestimmten Berufen als Diskriminierung definiert. Vor allem aber grenzt das diesem Konstrukt zugrunde liegende Geschlechterverständnis Menschen aus, die sich nicht als Mann oder Frau identifizieren.

jeden potenzielle Opfergruppe einen geeigneten Ansprechpartner geben. Nun wäre eine Organisation sicherlich überfordert, für jede Gruppe, die ihre eigene Identität hat, eine eigene Ansprechperson zu definieren. Daher sollte jedoch mindestens eine weibliche und eine männliche Ansprechperson vorhanden sein. Viele Beratungsstellen für Opfer sexueller Grenzverletzungen arbeiten geschlechterspezifisch, d. h. Männer haben einen männlichen Ansprechpartner und Frauen eine weibliche Ansprechpartnerin. Vielen fällt es sicherlich leichter, mit einem Vertreter des eigenen Geschlechts über eine solch intime Thematik zu reden.

Checkliste Ansprechperson für Opfer sexueller Grenzverletzung:

- Rolle definieren (Schweigepflicht & Weisungsfreiheit)
- Geeignete Personen auswählen (männlich und weiblich)
- Rolle & Ansprechpartner kommunizieren
- Personen für die Aufgabe schulen (Gesprächsführung & Recht)
- Geeignete Räumlichkeiten für Beratungsgespräche
- Supervision

4.2 Präventionskonzepte

Präventionskonzepte, dienen dazu, das Risiko sexueller Grenzverletzungen zu vermeiden und potenzielle Opfer in die Lage zu versetzen, selbstbewusst auf solche zu reagieren. Solche Konzepte sind ein Ausdruck der Werte eines Unternehmens. Letztlich geht es dabei um einen respektvollen Umgang miteinander.

4.2.1 Stakeholder

Alle Erklärungen von Werten in einem Unternehmen sind Teil der normativen Ebene der Unternehmensführung. Diese legitimiert das Handeln einer Organisation. Damit handelt es sich also nicht um eine basisdemokratische, sondern um eine unternehmerische Entscheidung. Daher muss immer klar erkennbar sein, dass das Top Management authentisch hinter solchen Konzepten steht. Ein solches Schutzkonzept kann jedoch nie allein im Raum stehen, da es ja nur ein Teilaspekt der Werte des Unternehmens ist und auch rein rechtlich betrachtet das AGG noch weitere Bereiche hat. Zu diesen zählen:

- Alter
- Geschlecht

- Behinderung
- „Rasse"[2]
- Religion
- Sexuelle Identität
- Weltanschauung
- Behinderung
- Ethnische Herkunft (Schaub & Koch 2014, S. 25 ff.)

Es macht also nur Sinn, ein solches Schutzkonzept zu erarbeiten, wenn es in eine ganzheitliche Betrachtung der Thematik eingebunden ist. Tatsächlich sind die Grenzen z. B. zwischen Mobbing und sexueller Belästigung nicht immer einfach zu ziehen, Migranten werden in letzter Zeit immer wieder Opfer von Vorurteilen in Bezug auf sexualisierte Gewalt, die sexuelle Identität hat eng damit zu tun und Diskriminierung von Frauen ist eine Realität in der Arbeitswelt und findet einen Ausdruck auch in Form sexueller Grenzverletzungen. Ein Beispiel für ein solch umfassendes Konzept ist die „Charta der Vielfalt". Der gleichnamige gemeinnützige Verein Charta wurde 2010 gegründet. In diesem organisatorischen Rahmen werden die Aktivitäten der Unternehmensinitiative gestaltet, der z. B. Daimler, Metro, Novartis und BASF angehören. Ziel ist die Förderung von Diversity in Wirtschaft und Gesellschaft. Der Verein setzt sich für die Verankerung von Vielfalt in Wirtschaft und Gesellschaft ein. Gleichzeitig ist dieser Verein auch eine Plattform zum Erfahrungsaustausch der Mitglieder untereinander. Zwar trifft die Urkunde keine direkte Aussage zu sexuellen Grenzverletzungen. Jedoch bietet folgender Absatz, das Fundament, auf dem Unternehmen dann wiederum spezifische Initiativen aufbauen können:

> Im Rahmen dieser Charta werden wir eine Organisationskultur pflegen, die von gegenseitigem Respekt und Wertschätzung jeder und jedes Einzelnen geprägt ist. Wir schaffen die Voraussetzungen dafür, dass Vorgesetzte wie Mitarbeiterinnen und Mitarbeiter diese Werte erkennen, teilen und leben. Dabei kommt den Führungskräften bzw. Vorgesetzten eine besondere Verpflichtung zu (Charta der Vielfalt, 2011, online).

Insofern muss neben der Unternehmensleitung auch der jeweilige Ansprechpartner für die betroffenen Themen eingebunden werden. Tut man dies nicht, werden in der Realität häufig verschiedene Konzepte erarbeitet, die inhaltlich oft

---

[2]Der Begriff steht in Anführungszeichen, da seine bloße Verwendung bereits rassistisch ist.

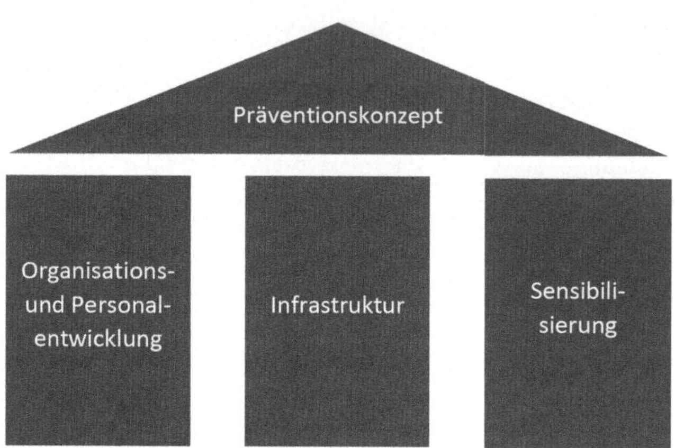

Abb. 4.1 Die drei Säulen eines Präventionskonzept

große Überschneidungen aufweisen, dann aber aufgrund der Vielzahl der Publikationen nicht mehr wahrgenommen werden. Per Gesetz muss der Betriebsrat eingebunden werden. Hier ist darauf zu achten, dass der Betriebsrat sogar ein Initiativrecht hat und ggf. eigene Vorschläge einbringen kann, wenn das Unternehmen nicht handelt (Schaub & Koch 2014, S. 198). Aussitzen ist also keine Alternative, auch wenn viele Organisationen dieses heikle Thema nicht angehen wollen. Dies kann einerseits die Angst davor sein, dass man damit eine Lawine von Beschwerden auslösen könnte oder aber dass die Existenz eines Schutzkonzepts darauf hindeutet, dass sexuelle Grenzverletzungen ein Problem in der Organisation sind.

4.2.2 Die drei Säulen des Präventionskonzepts

Grundsätzlich ist der Umgang mit sexuellen Grenzverletzungen ein Ausdruck von Kultur und Werten eines Unternehmens. Diese müssen vom Unternehmen bewusst gestaltet und die Einhaltung muss eingefordert werden, da sich sonst Verhaltensweisen herausbilden, die diesen Werten zuwiderlaufen. Gleichzeitig lässt sich ein Kulturwandel jedoch nicht verordnen, sondern muss Teil eines Organisations- und Personalentwicklungsprozesses sein. Ein Präventionskonzept besteht dabei aus drei Säulen (Abb. 4.1). Dies ist die erste Säule eines Präventionskonzepts. Dazu gehören:

- Definition von aus den Unternehmenswerten und dem diesen zugrunde liegenden Menschenbild abgeleiteten klaren Verhaltensregeln. Diese müssen authentisch sein und vom Top Management vorgelebt und durchgesetzt werden. Diese Dokumente bezeichnet man auch als „Workplace Policy".
- Führungskräfte müssen diese Werte vorleben und deren Einhaltung zu einem Kriterium bei Bewertung und Förderung von Mitarbeiter machen. Grenzüberschreitungen dürfen nicht geduldet werden. (Das heißt z. B., dass eine Führungskraft darauf hinweist, dass es unangemessen ist, beim Mittagessen Kommentare über die körperlichen Vorzüge eines Kollegen zu machen.)
- Wertehaltungen und soziale Kompetenzen müssen bei der Auswahl von Mitarbeitern, insbesondere von Führungskräften berücksichtigt werden.
- Führungskräfte und Mitarbeitermüssen themenbezogen fortgebildet werden. Diese Fortbildungen müssen verpflichtend sein, da sonst das Risiko besteht, dass sie aufgrund subjektiv als wichtiger wahrgenommenen Aufgaben nicht besucht werde. Gerade für Führungskräfte können Coaching oder der Austausch mit anderen Führungskräften wichtige Elemente sein.
- Verpflichtende Einführung in die Inhalte des Schutzkonzepts für neu eingestellte Mitarbeiter und Führungskräfte.

Infrastrukturelle Maßnahmen

- Räumliche und technische Bedingungen müssen so angepasst werden, dass eine insgesamt transparente Atmosphäre entsteht. Dazu gehören z. B. Frauenparkplätze, angemessene Beleuchtung, Videoüberwachung von Freiflächen, open-door-policies, Öffnung geschlossener Räume, wie z. B. Kopierzimmern.
- Maßnahmen gegen den Besuch von Websites pornografischen Inhalts und der elektronischen Verbreitung von obszönen Inhalten.

Sensibilisierung

- Publikationen (Broschüren, Flyer, Plakate, Intranet), die grundsätzlich über das Thema informieren und eine kritische Auseinandersetzung mit dem Thema anregen.
- Kommunikation der Prozesse und Ansprechpartner.
- Workshops und/oder Inforunden, in denen Mitarbeiter über ihre Rechte aufgeklärt werden und auch untereinander in den Dialog darüber treten könne, welches Verhalten sie als angemessen betrachten und welches nicht.
- Regelmäßiges Angebot von Kursen z. B. zur Vermeidung von sexuellen Grenzverletzungen und/oder Selbstverteidigung.

4.2.3 Workplace Policy

Aus den bisher dargelegten Aspekten ergibt sich, dass eine mit allen relevanten Stakeholdern erarbeitete Workplace Policy mindestens folgende Elemente enthält:

- Präambel (Hinführung zum Thema: Definition von sexuellen Grenzverletzungen & Auswirkungen auf die Opfer, Ziele & Grundsätze des Dokuments)
- Geltungsbereich
- Grundsätze: Darlegung des nicht akzeptierten Verhaltens & Rechte der Opfer
- Begriffsdefinitionen
- Selbstverpflichtung der obersten Führungsebene
- Aufgabe und Rolle von Führungskräften
- Rolle und Verantwortung von Mitarbeitern
- Rechte Betroffener
- Anlaufstellen
- Prozessablauf im Fall einer Beschwerde
- Sanktionen
- Prävention
- Kommunikation
- Externe Anlaufstellen

4.2.4 Beispielhafte Darstellung einer Workplace Policy

Beispiel

§ 1 Präambel

Sexuelle Grenzverletzungen haben eine negative Auswirkung auf die gesamte Organisation und auf die Menschen, die darin arbeiten. Sexuelle Grenzverletzungen demütigen Menschen, würdigen diese herab und beinträchtigen deren Selbstbestimmung. Dies entspricht nicht dem Menschenbild unserer Organisation. Jeder Mensch in dieser Organisation soll frei, selbstbestimmt und in Würde arbeiten. Opfer sexueller Grenzverletzungen müssen auch damit rechnen, psychische und physische gesundheitliche Störungen zu erleben.

Die Konsequenzen sexueller Grenzverletzungen stören aber auch den Betriebsfrieden, Arbeitsabläufe und das Engagement aller. Wer sich sexuellen

Grenzverletzungen ausgesetzt sieht, ist nicht in der Lage, seine Arbeitskraft produktiv einzubringen.

Sexuelle Grenzverletzungen können auch Straftaten darstellen, die keine Organisation dulden kann. Sie kann bei den Betroffenen erhebliche gesundheitliche Störungen hervorrufen.

Wir sehen dieses Dokument als einen wichtigen Beitrag unserer Organisation zur Verwirklichung von Gleichberechtigung und Chancengleichheit.

Wir sehen dieses Dokument auch als wichtiges Zeichen, dass in unserer Organisation jeder Vorfall gerecht und ohne Ansehen der Person, ihrer Stellung in der Hierarchie, ihres Alters, Geschlechts oder anderer Merkmale verfolgt wird.

Jeder kann Opfer sein und jeder kann Täter sein!

§ 2 Geltungsbereich

Personell

Dieses Dokument gilt persönlich für alle Führungskräfte, Beschäftigte und Auszubildende. Über das AGG hinausgehend gelten die hier dargelegten Grundsätze auch für alle im Unternehmen tätigen freien Mitarbeiter und Leasing Kräfte. Der Geltungsbereich erstreckt sich auf alle Firmen der Gruppe.

Dieses Dokument hat ebenfalls Gültigkeit für den Umgang von Mitarbeitern für Kunden, Lieferanten und Besucher.

Alle externen Vertragspartner werden verpflichtet, ihren Mitarbeitern diese Grundsätze zur kenntnis zu bringen.

Räumlich

Diese Regeln gelten für alle Gebäude und Flächen, für die die Fa. Prof. Krings & Partner Consulting das Hausrecht hat. Ferner finden sie bei Firmenveranstaltungen wie Schulungen, Festen und auf Dienstreisen Anwendung.

In der Außenwirkung verpflichten Unternehmen, Führungskräfte und Mitarbeiter sich, auf sexistische und geschlechterdiskriminierende Äußerungen zu verzichten, insofern sie mit dem Unternehmen in Verbindung gebracht werden können.

§ 3 Grundsätze

Das Verbot sexueller Belästigung ist im Allgemeinen Gleichbehandlungsgesetz festgehalten. Wir begrüßen diese Regelung ausdrücklich, stellen an uns selber jedoch den Anspruch, dass ein diskriminierungsfreies Verhalten in der DNA unseres Unternehmens angelegt sein muss. Insbesondere der Inhaber und die Führungskräfte tragen die Verantwortung durch ihr Verhalten ein von Achtung und Wertschätzung geprägtes Betriebsklima zu schaffen.

Toleranz, Wertschätzung und Respekt stehen im Mittelpunkt unseres Handelns. Wir verurteilen jede Form von sexuellen Grenzverletzungen und Diskriminierung (Geschlecht, Geschlechteridentität) auf das Schärfste.

Treten Fälle sexueller Grenzverletzungen auf, so werden sich die Führungskräfte des Unternehmens mit allen ihnen zur Verfügung stehenden Mitteln für die Rechte der Opfer einsetzen, und einen Dialog zum Abstellen des Fehlverhaltens zu initiieren und/oder die notwendigen rechtlichen Schritte zur Sanktionierung einleiten.

Jedoch sind auch alle anderen Mitarbeiter dazu aufgerufen, durch angemessenes und respektvolles Verhalten zur Gestaltung eines positiven Betriebsklimas beizutragen.

Opfer sexueller Grenzverletzungen, egal welcher Geschlechteridentität werden aufgefordert und ermutigt, sich zur Wehr zu setzen und die Unterstützung des Unternehmens zu suchen. Wir sichern hiermit zu, dass keinem Opfer oder Zeugen Nachteile aus dem melden von Fehlverhalten entsehen werden.

§ 4 Begriffsdefinition

Bei einer sexuellen Grenzverletzung nicht die Intention des Täters maßgeblich ist, sondern vielmehr ob das Verhalten unerwünscht war, das Opfer sind seinem Recht auf Selbstbestimmung und Würde verletzt. Relevant ist also, ob das Verhalten von der anderen Person als unerwünscht erlebt wird und die andere Person die Nichterwünschtheit des Verhaltens kommuniziert hat. Das Ergebnis einer Grenzüberschreitung ist eine erlebte Demütigung oder Beschämung. Bei der Bewertung eines Verhaltens als mögliche Grenzverletzung auch müssen objektive Maßstäbe herangezogen werden. Die persönliche Beziehung der Personen untereinander und der Unternehmenskontext sowie allgemeine Standards von Sitte und Anstand sind zu berücksichtigen.

Laut AGG erfüllen z. B. folgende Aspekte den Bestand der sexuellen Belästigung:

- Unerwünschte Berührungen,
- Körperliche Übergriffe
- Anzügliche Bemerkungen,
- Witze,
- Einladungen
- Sexuelle Gestik, Mimik und Verhaltensweisen
- Mitbringen, Zeigen, Anbringen pornografischer Bilder

Wir sind der Ansicht, dass in unserem Unternehmen und dessen Räumlichkeiten keine Form von erotischer oder anzüglicher Darstellung angebracht sind, auch wenn diese nicht als Pornografie zu erkennen sind.

Opfer sexueller Grenzverletzungen können Frauen, Männer, Homosexuelle beider Geschlechter, Transgender, Transsexuelle, Intersexuelle sein. Alle Personengruppen werden in unserem Unternehmen ernst genommen und ermuntert, ihr Recht auf Selbstbestimmung aktiv einzufordern.

§ 5 Stellungnahme des Inhabers

Als Inhaber der Fa. Prof. Krings & Partner Consulting lehne ich jede Form von sexuellen Grenzverletzungen am Arbeitsplatz ab und sage jedem Betroffenen meine uneingeschränkte Unterstützung zu. Jede Verletzung der Würde eines Mitarbeiters egal welchen Geschlechts wird mit allen uns zu Verfügung stehenden Mitteln verfolgt. Diese Richtlinie ist ein wichtiger Schritt zum Schutz der Mitarbeiter vor sexuellen Grenzverletzungen.

Eine solche Richtlinie kann keine kriminelle Energie verhindern. Aber sie kann Grauzonen klären und Opfern aufzeigen, welche Möglichkeiten sie haben, sich zur Wehr zu setzen. Gleichzeitig definiere ich damit auch meine Erwartungen an jeden von Ihnen.

Sie finden in diesem Dokument eine Reihe von Präventionsmaßnahmen und Prozessen. Ich persönlich trage Sorge dafür, dass den Opfern und Beteiligten aus der Meldung eines Vorfalls keinerlei Nachteile entstehen. Handelt es sich bei den Tätern um Externe, werde ich ebenfalls alle mir zur Verfügung stehenden rechtlichen Mittel zu Ihrem Schutz einsetzen.

Prof. Dr. Thorsten Krings

§ 6 Rolle und Verantwortlichkeiten der Führungskräfte

Führungskräfte sind bei der Ausübung ihrer Aufgaben in diesem Unternehmen immer Vorbilder in Bezug auf das Vorleben der Werte der Organisation. Dies gilt in besonderem Maße für das Thema sexueller Grenzverletzungen. Führungskräfte gestalten durch ihr Verhalten maßgeblich das Arbeitsklima der Organisation. Daher erwarten wir, dass ihr eigenes Verhalten tadellos ist und dass sie Mitarbeiter vor jeder Form sexueller Grenzverletzungen schützen. Jedem Hinweis auf sexuelle Grenzverletzung am Arbeitsplatz ist ernsthaft nachzugehen. Sie tragen dafür Sorge, dass die notwendigen disziplinarischen Schritte eingeleitet werden und dass Opfer darüber informiert sind, welche Formen der Unterstützung sie erhalten können. Dazu verpflichten sie sich, regelmäßig an Informationsveranstaltungen und Fort- und Weiterbildungen zu diesem Thema teilzunehmen. Führungskräfte, die diesen Aufgaben nicht nachkommen, sind in diesem Unternehmen nicht erwünscht.

§ 7 Rolle und Verantwortung der Mitarbeiter

Wir erwarten von allen Mitarbeitern, dass sie einen respektvollen und wertschätzenden Umgang miteinander pflegen. Dazu gehört das Recht auf Selbstbestimmung, die Würde des Anderen Achtung vor Andersartigkeit. Diversität ist eine Stärke unserer Organisation. Jeder sollte jeden anderen so behandeln, wie er selbst behandelt werden möchte.

Jedes Verhalten, dass andere Personen verletzt oder in ihrer Würde herabsetzt ist nicht akzeptabel. Einerseits ist die Würde des anderen zu achten, aber vor allem ist auch eine aktive Unterstützung der Opfer gefordert. Jeder, der durch sein Handeln eine Eskalation der Situation verhindern kann, ist ausdrücklich aufgefordert dies zu tun.

Werden Fälle sexueller Grenzverletzungen bekannt, sind die Opfer dabei zu ermutigen, Hilfe zu suchen und den Vorfall zur Anzeige zu bringen.

§ 8 Rechte von Betroffenen

Ungeachtet der Person des Gegenübers werden betroffene ausdrücklich dazu ermutigt, bei jeder Form einer erlebten Grenzverletzung eigene Grenzen zu setzen und den anderen aufzufordern dieses Verhalten zu unterlassen. Niemandem wird dadurch ein Nachteil am Arbeitsplatz entstehen. Niemand muss ein Verhalten akzeptieren, durch das man sich in seiner Würde verletzt oder herabgesetzt fühlt. Gleichzeitig ist auch für jeden eine Verpflichtung, Feedback an den anderen zu geben, wenn ein Verhalten unerwünscht ist. Wird das Verhalten nicht abgestellt oder erfolgt ein eindeutig nicht legales Verhalten grundsätzlich, so ist dieses schriftlich zu dokumentieren (Ort, Zeit, involvierte Personen, Art des Vorfalls). Jeder Betroffene hat das Recht, sich sowohl an den Ansprechpartner für Opfer sexueller Übergriffe zwecks eines allgemeinen Austausch zu dem Vorfall wie auch an die Beschwerdestelle zur Einleitung rechtlicher Schritte zu wenden. Opfer können selbstverständlich auch externe Dritte hinzuziehen wie z. B. einen Anwalt oder eine Opferberatungsstelle.

Wer Kenntnis von einem solchen Vorfall hat, wird ausdrücklich aufgefordert einzuschreiten. Dies kann in Form einer direkten Intervention (z. B. Feedback) erfolgen, durch Unterstützung des Opfers oder aber durch Information des Vorgesetzten oder der Beschwerdestelle.

Grundsätzlich gilt jedoch auch für jeden Mitarbeiter die Unschuldsvermutung. Jeder Vorfall wird fair und unvoreingenommen geprüft.

§ 9 Anlaufstellen und Prozess

In unserem Unternehmen gibt es zwei Ansprechpartner für die Opfer sexueller Grenzverletzungen:

1. Frau Christiane Gerber, Betriebsrat, −166, Raum 1.06
2. Dr. Frederik Nieland, Division Manager, −322, Raum 2.03

Es ist nicht die Aufgabe dieser Ansprechpartner, rechtliche Schritte zu ergreifen. Sie sind vielmehr der erste Ansprechpartner für Opfer, um diese im folgenden Prozess zu unterstützen. Grundsätzlich ist es ihre Aufgabe, dem Opfer zuzuhören. Beide Personen können auf Wunsch das Opfer im nachfolgenden Prozess begleiten. Sie sind informiert über die nächsten Schritte im Unternehmen und können hierzu beraten. Ferner vermitteln sie Kontakte zu externen Anlaufstellen wie z. B. Opferschutzverbände oder Psychologen. Sie unterstützen Opfer ebenfalls bei der Dokumentation des Vorfalls. Auch anonymen Hinweisen wird nachgegangen.

Opfer haben die Möglichkeit, sich an die Beschwerdestelle (Hr. Dietrich, − 333, Raum 0.23) zu wenden. Diese nimmt den Vorfall offiziell zur Kenntnis und leitet die notwendigen Schritte zur Aufklärung und ggf. Sanktionierung ein.

Ebenso können Betroffene sich immer direkt an ihren Vorgesetzten wenden. Dieses Gespräch ist zu einem späteren Zeitpunkt auf jedem Fall unerlässlich, denn der Vorgesetzte benötigt detaillierte Informationen, um handeln zu können. Dazu wird das Gesprächsprotokoll (Anl. 1) bearbeitet.

Eskalation: insofern das Verhalten nicht eindeutig illegal ist, werden Betroffene ermutigt, dem Ausübenden schriftlich oder mündlich die Unerwünschtheit des Verhaltens mitzuteilen.

Im Beschwerdefall erfolgt in der untersten Eskalationsstufe ein Gespräch zwischen dem Betroffenen und dessen direktem Vorgesetzten. In diesem Gespräch werden Maßnahmen (z. B. Versetzung) getroffen, die gehalten sind das Verhalten abzustellen. Ggf. werden arbeitsrechtliche Schritte eingeleitet Das Ergebnis des Gesprächs wird schriftlich fixiert und der Personalakte beigefügt.

Für mögliche Prozessabläufe vgl. Anl. 2

§ 10 Sanktionen

Ist der Vorgang gravierend, so werden unverzüglich arbeitsrechtliche Maßnahmen ergriffen. Zum Opferschutz kann eine Umsetzung oder Versetzung vorgenommen werden.

Auf der untersten Eskalationsstufe kann es sich bei weiteren Sanktionen um eine Ermahnung handeln, die schriftlich oder mündlich erteilt wird. Kommt es zur Wiederholung oder aber der erste Vorgang war gravierend, so wird eine Abmahnung ausgesprochen. Diese muss dem Täter noch die Möglichkeit einräumen, das Verhalten zu korrigieren. Im Wiederholungsfall erfolgt die fristgerechte Kündigung. Ist der Vorfall so, dass dem Arbeitgeber eine Fortsetzung des Arbeitsverhältnisses nicht zuzumuten (z. B. weil er das Opfer vor Gewalt schützen muss), dann wird eine fristlose Kündigung ausgesprochen. Dies geschieht in Abstimmung zwischen dem Vorgesetzten und der Personalabteilung.

§ 11 Präventionsmaßnahmen

Prävention ist der Schlüssel zu einem diskriminierungsfreien Umfeld. Daher wollen wir Rahmenbedingungen so gestalten, dass da Entstehen von sexuellen Grenzverletzungen und Diskriminierung möglichst unwahrscheinlich werden. Daher werden wir bewusst Einfluss auf die Unternehmenskultur nehmen. Führungskräfte werden in Bezug auf das von ihnen erwartete Verhalten entwickelt und soziale Kompetenzen werden eine entscheidende Rolle bei Auswahl und Beförderung spielen. Wir begreifen Kritik als eine Chance zur Verbesserung und gehen daher offen mit Feedback um. Konflikte werden partnerschaftlich gelöst. Neue eingestellte Mitarbeiter werden zu Beginn in diese Richtlinie eingeführt. Das Firmengelände wird regelmäßig und die Gebäude werden regelmäßig unter Sicherheitsaspekten überprüft und notwendige Veränderungen werden unverzüglich veranlasst.

§ 12 Kommunikation

Diese Richtlinie wird in jeder Abteilungsbesprechung vorgestellt. Ferner wird sie im Intranet hinterlegt. Einmal pro Quartal wird das Thema Antidiskriminierung/Sexuellen Grenzverletzungen als Tagesordnungspunkt auf der Mitarbeiterversammlung besprochen. Für Externe werden die relevanten Punkte in die Hausordnung aufgenommen.

§ 13 Externe Institutionen

In vielen Situationen ist es sinnvoll, dass man zusätzlich externe Hilfe in Anspruch nimmt. Im einfachsten Fall kann das ein Anwalt sein. Es gibt jedoch auch eine Vielzahl von Institutionen, die wertvolle Opferhilfe leisten. Einige seien hier genannt:

Überregionale Beratungsstellen

Hilfetelefon Gewalt gegen Frauen	Weisser Ring e. V.	Bff – Frauen gegen Gewalt e. V.
☎ 08000 116 016 kostenlos und anonym ✆ www.hilfetelefon.de (Beratung täglich zu jeder Zeit)	☎ 116 006 kostenlos und anonym ✆ www.weisser-ring.de (Beratung täglich von 7–22 Uhr)	☎ Telefonische Beratung jeweils unter den Nummern der regionalen Anlaufstellen ✆ www.frauen-gegen-gewalt.de

Darüber hinaus gibt es eine Vielzahl von regionalen Beratungsstellen. Es gibt zum Zeitpunkt der Drucklegung kein spezifisches Angebot für Männer.

Schlussbemerkung 5

Das Thema Umgang mit sexuellen Grenzverletzungen am Arbeitsplatz ist sehr wichtig. Unternehmen können es sich heute nicht mehr leisten, dieses Thema zu ignorieren. Daher gilt es zum einen, klar zu definieren, welche rechtlichen Handlungsspielräume es gibt bzw. nicht gibt. Die Organisation muss für das Thema sensibilisiert werden. Doch ebenso wichtig wie die Sanktionierung ist die Vermeidung durch effektive Schutzkonzepte. Diese Berücksichtigen die Organisationsentwicklung, die Infrastruktur und die Sensibilisierung aller Beteiligten. Neben dem disziplinarischen weg muss es im Unternehmen auch Ansprechpersonen geben, die den Opfern als Begleitung zur Seite stehen. Diese müssen sorgfältig ausgewählt und umfassend geschult werden. Wichtig ist bei diesem Thema, dass man nicht in Schubladen denkt: Jeder kann Opfer sein und jeder kann Täter sein.

© Springer Fachmedien Wiesbaden GmbH, ein Teil von Springer Nature 2019   37
T. Krings, *Sexuelle Grenzverletzungen am Arbeitsplatz,* essentials,
https://doi.org/10.1007/978-3-658-26030-9_5

Was Sie aus diesem *essential* mitnehmen können

- Sie kennen Arten der sexuellen Grenzverletzungen und ihre rechtlichen Implikationen
- Sie können Eskalationsprozesse definieren
- Sie wissen, welche Elemente Schutzkonzepte enthalten müssen und wie diese umgesetzt werden

© Springer Fachmedien Wiesbaden GmbH, ein Teil von Springer Nature 2019
T. Krings, *Sexuelle Grenzverletzungen am Arbeitsplatz,* essentials,
https://doi.org/10.1007/978-3-658-26030-9

Literatur

Himmelrath A (2016) Sexueller Missbrauch – Die Rolle von Internatsleiter Gerold Becker. https://www.deutschlandfunk.de/odenwaldschule-sexueller-missbrauch-die-rolle-von.1310.de.html?dram:article_id=353083. Zugegriffen: 24. Jan. 2018

Krings T (2018) Personalwirtschaft. Springer Gabler, Wiesbaden

o. V. (2011) Die Urkunde der Charta der Vielfalt im Wortlaut. https://www.charta-der-vielfalt.de/ueber-uns/ueber-die-initiative/urkunde-charta-der-vielfalt-im-wortlaut/. Zugegriffen: 26. Jan. 2018

o. V. (2015a) Kündigung wegen Berührung am Busen unwirksam. https://www.faz.net/aktuell/beruf-chance/recht-und-gehalt/kuendigung-wegen-busen-beruehrung-nach-bag-urteil-unwirksam-13420856.html. Zugegriffen: 24. Jan. 2018

o. V. (2015b) Sexuelle Belästigung am Arbeitsplatz. http://www.antidiskriminierungsstelle.de/DE/ThemenUndForschung/Geschlecht/sexuelle_Belaestigung/sexBelaestigung_node.html. Zugegriffen: 27. Jan. 2018

Parvin N (2018) Transgender prisoner who assaulted inmates jailed for life. https://www.theguardian.com/uk-news/2018/oct/11/transgender-prisoner-who-sexually-assaulted-inmates-jailed-for-life. Zugegriffen: 28. Jan. 2018

Schaub G, Koch U (2014) Arbeitsrecht von A-Z. dtv, München

Zaslawski V (2013) Auch Frauen können Täter sein. https://www.nzz.ch/schweiz/jeder-zweite-wird-belaestigt-1.18197847. Zugegriffen: 24. Jan. 2018

Sexuelle Grenzverletzungen am Arbeitsplatz

Dieses *essential* beschäftigt sich zunächst mit der Klassifizierung sexueller Grenzverletzungen am Arbeitsplatz und den sich dadurch ergebenden rechtlichen Implikationen für den Arbeitgeber. Ferner werden Eskalationsprozesse vorgestellt. Der letzte Teil des *essentials* beschäftigt sich mit den rechtlichen Anforderungen an Schutzkonzepte und stellt ein konkretes Beispiel für eine Workplace Policy vor.

Der Inhalt

- Begriffsabgrenzung zwischen sexueller Grenzverletzung, sexueller Belästigung und sexueller Gewalt
- Ableitung des jeweils rechtlichen Handlungsbedarfs
- Modelle zur Sanktionierung
- Einführung von Elementen eines Schutzkonzepts
- Entwicklung einer beispielhaften Workplace Policy

Die Zielgruppen

Personalverantwortliche, Führungskräfte, Fachkräfte in Personalabteilungen, Ausbilder, Betriebsräte

Der Autor

Prof. Dr. Thorsten Krings ist Hochschulprofessor sowie Berater. Er publiziert und forscht zu Themen betrieblicher Personalarbeit und Diversität.

ISBN 978-3-658-26029-3